# Rusted But Beautiful

Santanu Sarkar Arya

ISBN 978-93-5559-099-2
© Santanu Sarkar Arya 2021
Published in India 2021 by Pencil

**Contributors:**
Co-Author: Sayan M.
Co-Author: Abhijit Chakraborty
Co-Author: Mr. Anonymous

*A brand of*
One Point Six Technologies Pvt. Ltd.
123, Building J2, Shram Seva Premises,
Wadala Truck Terminal, Wadala (E)
Mumbai 400037, Maharashtra, INDIA
**E** connect@thepencilapp.com
**W** www.thepencilapp.com



DISCLAIMER: *The opinions expressed in this book are those of the authors and do not purport to reflect the views of the Publisher.*

# Author biography

Santanu Sarkar Arya is the author of this book. He pursued his MSc in Physics from Presidency University, Kolkata. He loves to paint, write poems and read novels. He lives in Sodepur, Kolkata. He loves to interact with his readers. Readers can reach him at:

author.santanu.sarkar97@gmail.com

His instagram handle: @santanusarkararya

Sayan Modak and Abhijit Chakraborty are the co-authors of this book.

ewwwwwwwwwwwwwwwwwwwwwwwwwwwwwwwwwwwww
wwwwwwwwwwwwwwwwwwwwwwwwwwwwwwwwwwwww
wwwwwwwwwwwwwwwwwwwwwwwwwwwwwwwwwwwww
wwwwwwwwwwwwwwwwwwwwwwwww (my cat typed it, probably she had wanted to type meww :p)

Sayan Modak is a Physics graduate and Arya's friend. Writing poems is one of his hobbies. His residence is in Belgharia, West Bengal.

His Instagram handle: @sayanmodak21

Abhijit Chakraborty Ovi studied at Department of History, Jadavpur University. Arya and he are friends from school life. Writing is his passion. At present he lives in Milangarh, Sodepur.

# CONTENTS

# Acknowledgements

Dear Almighty, thank you for blessing me with power and zeal to be able to complete this book.

I thank 'thepencilapp.com' for providing such a wonderful opportunity.

Thankful gratitude towards all the co-authors who have worked hard and have made an effort for this book to be successful.

The hearty thanks to parents for supporting me.

Much love to all of you.

Thank you!


-- Santanu Sarkar Arya

# 1. My Star -- Sayan M.

The planet belongs to all.

So does the star.

If nothing only belongs

to me,

Then, it doesn't even

matter.


Water belongs to all.

So does the air.

If there is nothing

exclusively made to keep

me alive,

I guess, it's the fault in

my star.


-- Sayan M.

# 2. Your Silence -- Santanu S. Arya

Sometimes you smile,

Weep,

Or become quiet.


What exactly runs in your mind?

I think.

What exactly...


You do not know yourself,

Or pretend to not knowing,

Or does you overlook yourself?


You do not lack anybody,

You have all the things,

Then what are you searching for?

I think;

Exactly what are you looking for...


You remain quiet

But in silence you keep talking,

Though can't express.


Why are you like this?

Or, are you really like this?

Or pretend to be? I think...


-- Arya

(Highly inspired from a Hindi poem)

# 3. Museum (Bengali poem) -- Abhijit Chakraborty

জীবন মানে কী--- এর উত্তর কী দেবে ?

কেউ বলবে মুহূর্ত, কেউ বলবে হাসি কান্না ,

কেউ বলবে অতীত স্মৃতি--- আরো কত কী !

যদি আমায় প্রশ্ন করো জীবন মানে কী ?

আমি বলব জীবন হল মিউজিয়াম ।

তুমি বলবে --- কেন ?

আমি বলব মানুষ সেথায় অতীত আগলায়

আর আঁকড়ে রাখে ভবিষ্যতের আশা


জীবন ও তো ঠিক তেমনি রিকম

ধূলি-ধূসর অতীত, স্বপ্ন, বাস্তব, প্রেম ----

চরমত্ব, অবমত্ব --- কী নেই সেথায় !

আর আছে আশা--

লোকান্তরে উন্নীত হওয়ার আশা

মহাজীবনে জয়ী হওয়ার সাধ।

এতকিছুর সংগ্রহে যে জীবন ---

সে কি মিউজিয়াম নয় ?


শুনেছি যারা ওয়ার্ডসওয়াথের বাড়ি দেখতে যায়

তারা বলে ---

এমন সাজানো সে মিউজিয়াম;

যেন জীবন্ত মনে হয়।

যেন মনে হয় ---

ভদ্রলোক একটু আগে লিখছিলেন

এখন একটু বেরিয়েছেন; আবার আসবেন।


মনে ভাবি আমাদের জীবনটাও অমন হোক

জ্বলন্ত--- জীবন্ত--- প্রত্যেকে

যদি কোন দর্শক কোনদিন উঁকি মারে ----

সে যেন পলে পলে খুঁজে পায় বিস্ময় ---

"আজি হতে শতবর্ষ পরে"

কোন অজানা পথিক দ্বারে এলেও

যেন আমাদেরকে জীবন্ত বলে ভাবে

যেন ভাবে ---

"একটু আগেই তিনি ছিলেন, হয়ত এখন বাইরে গেছেন ---

আবার আসবেন।

ততক্ষণ না হয় অপেক্ষা করি।"


-- Abhijit C.

# 4. Museum photographies -- Santanu S. Arya

*(All the photos here were taken with verbal permission.)

I.

II.

III.

IV.

V.

JAW OF RHINOCEROS
Rhino of Siwalik Jungles
2 crore years old
PUNJAB

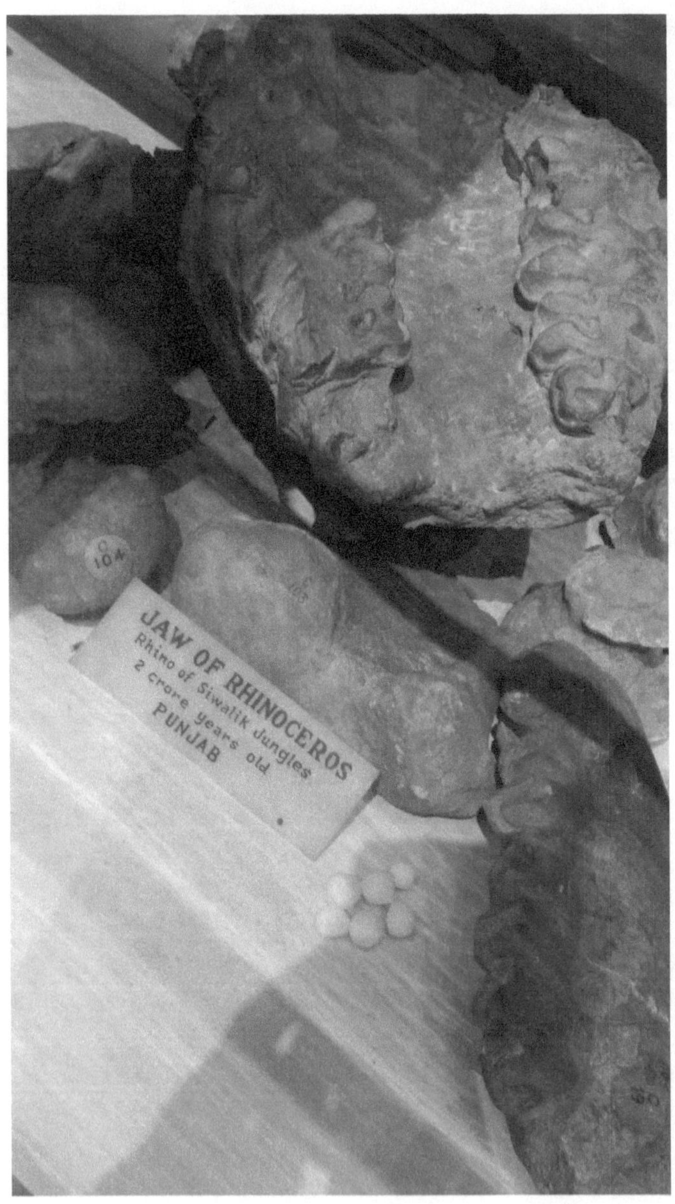

VI.

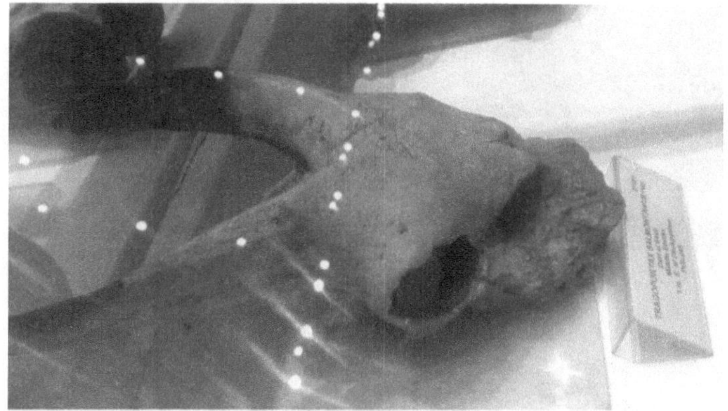

VII.

VIII.

IX.

X.

XI. (Image Credit: Suvronil Datta)

XII. (Image Credit: Diptarka Dalal)

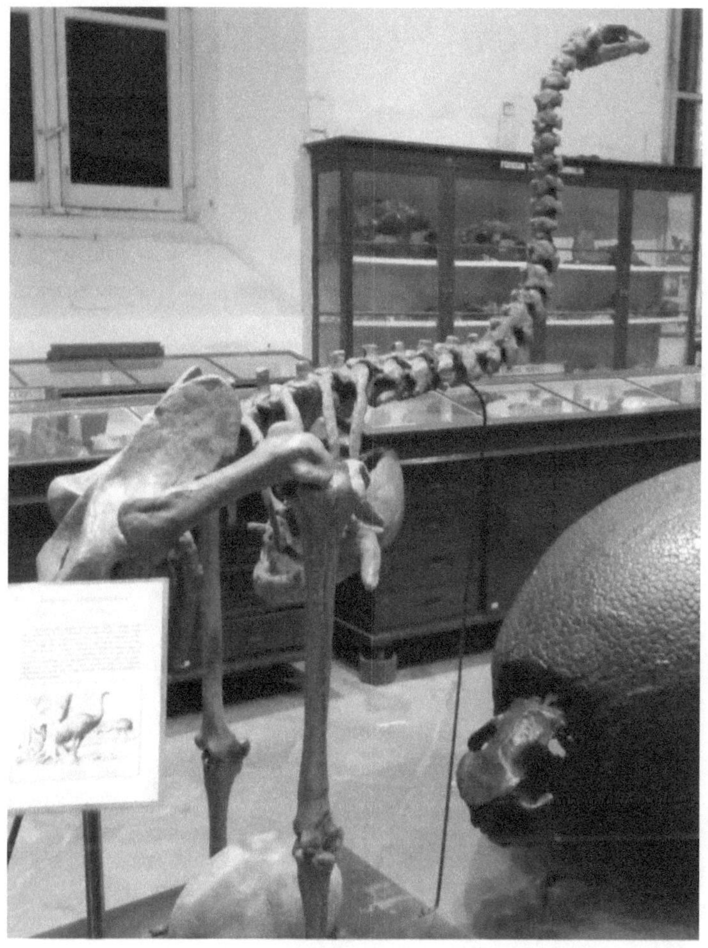

# 5. Li'l Girl -- Mr. Anonymous

"Bye mom, see you next month...Don't forget to take your medicines. And I'll call you", she shouted, wearing the heels with one hand and drinking the last sip of her coffee with the opposite.

"Running late again, mom!!" she said, "what will I do without you! You have spoiled me, mommy..."

Mom handing over her wallet  and giving her a stern look... Deep inside she knew, it's fake...she misses her more than she misses mom nowadays.

Giving her mom a hug, she ran out in hurry waving her mom, for the bus.

Her mom knew, she ran to get the window seat; no matter how much she has grown up to a woman,  she is still a li'l girl by her heart who still love to seat in window seat to watch the world outside with pure zeal.

# 6. নদী ও তারা -- অভিজিৎ চক্রবর্তী

নদী ও তারা

অভিজিৎ চক্রবর্তী


১

অনেক অনেক দূরে আছে সে,

কত দূরে--- তা বোঝানো সম্ভব নয়

দূরত্ব সে যে কয়েক আলোকবর্ষ

তবুও আছে অভিজিৎ।


২

প্রতিদিন শত সহস্র নক্ষত্রের মত সে-ও মিটমিট করে

কিন্তু কেউ তাকে দেখতে পায় না –

কেউ তার নামও জানে না হয়ত

তবুও সে তাকিয়ে থাকে উন্মুখ হয়ে,

পৃথিবীর দিকে,

শুধু একজনের তরে ।


৩

চারিদিকে ধূ ধূ বালি আর শুখার রাজ্য

প্রাণের স্পন্দন চোখেও পড়ে না।

তারই মাঝে বিপাশা এগিয়ে চলে তার আপন গতিতে

জনবিরল শুষ্ক মরুভূমিতেই

একটি নদী পায় তার বয়ে চলার শক্তি,

অনন্ত সঞ্জীবনী সুধা।

প্রতি সন্ধ্যায় বিপাশা তাকায় আকাশের দিকে

কত দূরেই আছে বা সে !

আজ কি সে এসেছে আকাশে ?

প্রথম প্রেমিক অভিজিৎ !


৪

কতশত বছর ধরে দু'জনের প্রেম

কী অপরিসীম ভালোবাসা দুজনের।

প্রতি রাতে উজ্জ্বল হত অভিজিৎ

আসতো বিপাশার কাছে,

কত গল্প, কত উপাখ্যান শোনাত ----

নচিকেতা গেল যমের কাছে,

কলার মান্দাসে বেহুলা চলে,

আরো কত কী !

বিপাশা শুনতো আর অবাক চোখে

বারবার দেখত অভিজিৎ কে।

গল্পবলা শেষে –

রোজ একই প্রশ্ন করত অভিজিৎ ---

"কেমন লেগেছে গল্প, বিপাশা ?"

বিপাশা শুধুই চোখের পলক ফেলত,

আর হাসত।

বলত না কিছুই।

কেউ কোনদিন জানতই না ওদের প্রেমগাঁথা

কেউ জানতেও পারবে না কখনো।


৫

কতশত বছর ধরে ওরা কাছে আসত ---

দুজনে খালি একে অন্যকে

দেখেই যেত অপলক চোখে।

সারারাত ধরে হাসি, ঠাট্টা, গল্প ---

অভিজিৎ কেও গল্প শুনতে হত।

বিপাশা শোনাত মানুষের কথা, সভ্যতার কথা।

চাষবাস- যুদ্ধ- আলেকজান্ডার এমনি কত কিছু

অভিজিৎ শুনত --- নিশ্চুপ, নিরুত্তর হয়ে,

আর শ্রদ্ধা বাড়ত তার বিপাশার প্রতি ---

বিপাশার 'দেখার চোখে'র প্রতি।

৬

মাঝেমাঝে ওরা ভাবে

কেন ওরা আসে একে অন্যের কাছে ?

দুজনেই তো ভিন্ন পথযাত্রী

তবুও কীসের টান ওদের এতো ?


৭

মিলনের পরে বিরহ অধ্যায়ে,

এত দূরত্ব হৃদয়ে দেয় যন্ত্রণা।

অভিজিৎ কষ্ট পায় –

সবসময় ওর কাছে যেতে পারেনা বলে।

ভাবে "ঝরে যাবো বিপাশার কোলে"

কত উল্কা ঝরে যায় প্রতিদিন

বিশ্ববিধাতা কি এ প্রার্থনা ---

মঞ্জুর করবেন না ?


৮

সূর্যের তেজ ধীরেধীরে বাড়ে প্রতিদিন,

গরমের দেশে আসে জলের ব্যাকুলতা।

বিপাশা সূর্যপ্রণাম করে ---

আর প্রার্থনা জানায় যেন সূর্যদেব তাকে

মৃত্যুদণ্ড দেন,

ভালোলাগেনা অভিজিৎ ছাড়া বাঁচতে।

৯

কিন্তু, বিশ্ব বিধাতার কী অপার লীলা

সবার আকুল প্রার্থনা শোনেন যিনি,

অথচ---

কর্ণপাত করলেন না ওদের প্রার্থনায়

হয়ত কোন বৃহত্তর মহত্তর সত্যের প্রতীক্ষায়

মঞ্জুরি পেলনা দুজনের কেউ,

মৃত্যুর চিরসুন্দর কোলে ঝাঁপ দিতে।

বরং---

থেকে গেল অমর হয়ে একে অন্যের দিকে চেয়ে।

# 7. Separation -- Arya

The grasses are growing on Cricket pitches,

The ball ceases to run in the outfield;

The gossipings have started to become lost

In tthe race called Life.


`Friendship' is past now;

Anybody is `near & dear' at the time of need;

Everyone has forgot to stay by each other's side

Now `#separation' is the trend...

# 8. School-Uniform -- Arya

Arya's eyes fixed on the top shelf of

His wardrobe.

That brown & white school uniform,

Stacked over it

The black n white class XI's...

Mom has carefully kept them.

It brought back memories

of 1st day of his school,

Along with it came the already gone boyhood.

Those once-neglected uniforms had been

The habit of everyday life

At that time...

# 9. That Story (Inspired) -- Arya

That story of mine is still not over.

Listen...

The Hill,as I said,

Had fallen in love with the Cloud

And how Cloud made the dry Hill

A youth of twenty-five years,

You have already listened to.


...That day was the birthday of Hill.

Hill said to Cloud,

"Come today wearing red attire."

Cloud said to Hill,

"Today I'll bathe you with fresh water."


In love, the Woman becomes gentle river,

The Man, burning wood;

Likewise, Cloud was spellbound

To the burning hug of Hill;

Hill was, under wavy-watery Cloud.

# ১০. নিস্তব্ধতা -- অভিজিৎ চক্রবর্তী

নিস্তব্ধতা --- একটি অদ্ভুত অবস্থা,

কিন্তু স্থানভেদে মাহাত্ম্য কত ভিন্ন !

কী আশ্চর্য --- তাই না?

যদি প্রণয়ীর বিবাহ প্রস্তাবে তুমি নিস্তব্ধ ---

তারমানে তুমি সম্মত।

যদি নিকট আত্মীয় বিয়োগে তুমি নিস্তব্ধ –

তারমানে তুমি উদাসীন বা শোকে পাথর।

যদি আত্মীয়ের দুর্ব্যবহারে তুমি নিস্তব্ধ ---

তারমানে তুমি চিনেছ প্রকৃত মানবরূপ।

যদি প্রেমিকার বিশ্বাসঘাতকতায় তুমি নিস্তব্ধ ---

তারমানে সেটাই তোমার প্রতিবাদের ভাষা।

যদি চরম হাস্যাস্পদ হয়েও তুমি নিস্তব্ধ ---

তারমানে তুমি অপেক্ষায় আছো যোগ্য সময়ের।

যদি পৃথিবীর একান্ত দূরতম কোণে তুমি একা, নিস্তব্ধ ---

তারমানে এ জগৎ তার সৌন্দর্যে তোমার কথা কেড়েছে।

নিস্তব্ধতা মানেই সব মেনে নেওয়া নয়,

নিস্তব্ধতা কখনও নিবৃত্তিও হয়।

নিস্তব্ধতা দুর্বলতা হতে পারে না –

বরং, নিস্তব্ধতা এক অদ্ভুত শক্তি।

নিস্তব্ধতায় অনেকে সিদ্ধিলাভ করে ---

আবার, একেই অনেকে ভয় পায়।

কারণ,

সৃষ্টির আদিমতম দিনে জগৎ ছিল নিস্তব্ধ

সৃষ্টির অন্তিম মুহূর্তেও জগৎ মিলিয়ে যাবে নিস্তব্ধতায় ---

অনন্ত নিস্তব্ধতায় ।।

# ১১. ছুটছি ইঁদুর দৌড় -- অভিজিৎ চক্রবর্তী

সময়ের পেছনে পেছনে আমরাও ছুটছি

হয়ত ভেবেই নিয়েছি, নিরন্তর ছুটে চলাই জীবন।

আমরা ছুটছি – অর্থ, প্রতিপত্তি, ব্যক্তি, নাম, যশের জন্য

কোথায় এ দৌড় থামাবো --- বোঝাই দায়।

মাতৃজঠরে শুরু এ ইঁদুরদৌড়, আমৃত্যু তাই চলবে।

নাঃ, শ্মশান ঘাটেও ইঁদুরদৌড়ের বহর আছে ---

"আগে এলে আগে পাবেন" – এ প্রথা সর্বত্র।

টাকাপয়সা, নাম-যশের পেছনে ছুটে দেখো ---

একদিন তা পাবে, কিছু না কিছু, নিঃসন্দেহে।

কিন্তু যে মানুষের পেছনে ছুটতে চাও

তাঁকে জীবনে না-ও পেতে পারো।

কারণ,

সে ও হয়ত ছুটে চলেছে অন্য কারো পেছনে ---

এ জগৎজুড়ে ঠিক এমনই চলছে --- নিরন্তর চক্রক্রম পদ্ধতি,

সবাই ছুটছি সবার পেছনে --- অথচ কেউ কাউকে পাইনা ---

আবার, আমরা কেউ ঘুরেও দেখব না পিছনদিকে ---

অথচ আমরা আশা রাখিঃ

আমাদের অভিপ্রেতগণ ঠিক পেছন ফিরে তাকাবেই।

তাই দৃষ্টি আকর্ষণ করে চলি সতত।

কেননা, চেষ্টা করায় কোন বাধা নেই

হা ঈশ্বর !

# 12. পত্র শেষের কথা ক'টি -- অভিজিৎ চক্রবর্তী

আজকাল বড় একটা যোগাযোগ নেই কারো সাথে,

ইচ্ছে করেই রাখিনা যোগাযোগ।

নিঃশব্দে কাটছে দিন আমার --- অলস গম্ভীরায়।

কেউ ফোন করলেও তুলিনা; ভালো লাগেনা।

তাই ফোন ক'রো না, পারলে চিঠি লিখো।

আমার ঠিকানা- 'বাগেশ্বর প্রাইভেট ডাকঘর',

তবে সব পোষ্টম্যান এ ডাকঘর চেনে না।

এ ডাকঘর আমার নিজের স্থায়ী ঠিকানা

এতেই পত্র লিখো --- জবাব দেবো নিশ্চয়ই,

আমার ব্যক্তিগত জীবন জানতে চেয়ো না; জবাব পাবে না।

জীবনকে আজো আমি জানতে পারিনি, তাই ---

নির্বান্ধব একাকিত্বের গম্ভীরায় জীবনকে বীক্ষণ করে চলি।

আশাকরি তোমরা বুঝবে এ কথা;

তাই সাহিত্যসভায় আর ডেকো না আমায়, দয়াকরে।

ভালো থেকো, তোমাদের---

'অনামিক'।

# 13. Life -- Arya

As coal turns into diamond,

Life also changes its color.

Everybody listened to the words of Life,

But none has understood them deeply.


Life has described their deeper meaning:

I AM AGAINST YOU;

It seems, Life is very angry.

But is it for the first time?

I dare to ask--

Life, have you ever

Destroyed someone like this before??

# 14. Photography-II -- Santanu S. Arya

---- x ----